Energia dall'acqua-
Solo una visione?

Heinrich Reents

Giovanni Schirinzi

ISBN-10: 149968083X
ISBN-13: 978-1499680836

Contatto: heinrichreents@yahoo.de
Immagini originali: Stockfresh
Sponsor: Theos AG www.theos-consulting.de
MOTOTHERM AG
HHO-TEC
Traduzione in italiano: G. Schirinzi

DEDICA

**A TUTTI I BAMBINI DI QUESTO MONDO,
I NATI E NON NATI**

**TATJANA
LEON**

INDICE

PREMESSA

Saranno passati due anni, da quando ebbi per la prima volta a che fare con la tecnologia HHO. Il sig. Dipl. Ing. Bernd Dietrich, uno dei miei ex studenti, mi parlava di questa tecnologia, riferendosi alla piattaforma YouTube in internet. Il mio scetticismo allora, era ancora intatto.

Per capire meglio: la tecnologia HHO genera dall'acqua, il cosiddetto gas HHO. Acqua nota anche con la formula chimica H_2O, costituita da idrogeno (H) e ossigeno (O). Questo gas è anche noto come gas tonante, ossidrico o gas di Brown. Il prodotto di reazione, infiammandolo è acqua.

Qualche mese fa mi telefonò il sig. Dipl. Ing. Roman Kolesnikov raccontandomi del famoso inventore russo Lev Jutkin. Il sig. Jutkin è l'inventore della terapia a onde d'urto. Questa tecnica è adoperata nel campo della foratura e nella distruzione di calcoli renali. È impressionante vedere come queste onde a urto fracassano pietre.

Nei suoi esperimenti, il sig. Jutkin, faceva vibrare l'acqua con archi elettrici, deliberando grandi energie.

La persistenza dei miei due ex studenti, mi condusse ad approfondirmi nella tecnologia HHO.

Scoprii poi in "YouTube" il sig. Stanley Meyer, vedendo come faceva andare la sua auto, solo con acqua.

Sarebbe davvero possibile sostituire olio, gas, carbone ed energia atomica, con acqua?

Se fosse così, allora il problema energetico sarebbe risolto in tutto il mondo. Non ci sarebbero più guerre per petrolio o gas. Il gas CO_2 che, contribuisce al riscaldamento globale, accanto ad altri cosiddetti "gas verdi", perderebbe il suo terrore. Il prodotto di reazione nella combustione del gas tonante/HHO è acqua, solo acqua.

Così è nato questo libro "Energia dall'acqua - solo una visione?"

In questo libro, sono elencati gli argomenti dei favoreggiatori e scettici.

Ogni tecnologia ha vantaggi e svantaggi.

I numerosi esempi elencati possono aiutare il lettore a trovare la propria opinione.

Ho afferrato che, non si può arrestare il progresso tecnico. Ognuno che cerca di fermarlo ha già perso in partenza.

Un esempio evidente è l'industria dei computer. Tutte le aziende che hanno perso la capacità di innovarsi, sono scomparse dal mercato.

Infatti, i "mainframe" o elaboratori centralizzati esistono ancora, ma vanno sempre più sostituiti da personal computer, netbooks, tablets e smartphones. La miniaturizzazione progredisce.

1. INTRODUZIONE

Noi umani per vivere abbiamo bisogno d'acqua, veniamo dall'acqua. La maggior parte del nostro corpo è costituita da acqua. Beviamo acqua per sopravvivere. Siamo attratti dall'acqua quando vogliamo rilassarci. L'acqua è fonte d'energia - non solo dal punto di vista fisico, psicologico o spirituale... L'acqua è circondata da un mistero che vuole essere risolto.

La natura conosce questo segreto da milioni/miliardi di anni. L'acqua ha lati buoni e cattivi, come d'altronde tutto il resto nella nostra vita. L'acqua ci nutre, ma l'acqua può anche uccidere. Pensate alle inondazioni, mareggiate, tsunami, oppure all'aumento termico del nostro pianeta, l'acqua ha un potere enorme. Tutti, specialmente quelli cresciuti in riva al mare come me, essendo frisone orientale, lo sanno. Tutti i marinai, ogni capitano.

Nel 1976 il Prof. Dott. Beckurts, allora amministratore delegato del "Nuclear Research Center Jülich", oggi "centro di ricerche scientifiche Jülich", mi pregò di rappresentarlo al convegno "First Solar World Energy Conference" in Tucson, Arizona. Mi pregò di rappresentarlo a un congresso per una conferenza sull'argomento, dandomi mano libera nella scelta del tema. Questo provocò in me le seguenti reazioni:

1. Ero perplesso: Perché un così famoso scienziato, in seguito era poi nel consiglio di ricerca della Siemens AG, assegnava proprio a me, un giovane scienziato, questo compito?

2. Avevo paura: Sarei all'altezza di soddisfare le sue esigenze e le richieste di scienziati di fama internazionale? Infine era una conferenza a livello mondiale. Ero il primo docente. Masticherò bene il mio inglese?

3. Ero orgoglioso: Uno scienziato di livello internazionale nel campo dell'energia atomica, dava a me, la possibilità di presentare il mio punto di vista dell'energia solare a un pubblico internazionale.

Allora, nel 1976, le fonti energetiche rinnovabili erano un po' rise e le turbine eoliche di nuova generazione ancora in fase di sviluppo. Solo pochi scienziati osavano credere nella svolta internazionale di queste tecnologie. Le grandi aziende energetiche non erano minimamente interessate in tali attività.

Il sole, con solo poche ore di luce al giorno, dovrebbe cambiare il nostro mondo? Quasi nessun manager delle grandi compagnie energetiche ci credeva, all'infuori nell'esplorazione di vettori energetici; petrolio, gas, carbone, uranio - e la trasformazione in energia, ad esempio in elettrica e la sua distribuzione.

Gli argomenti relativi alle conseguenze a lungo termine delle centrali a carbone e nucleari erano allora, come d'altronde anche oggi,... - repressi.

Chi si ricorda o sa che, la radioattività delle materie radioattive e molto tossiche si dimezza nell'ambito di decine di migliaia d'anni. Così per esempio il plutonio 239, altamente tossico, ha un tempo di dimezzamento di 24.110 anni. Un ben lungo periodo per una sicura archiviazione. Tempo di dimezzamento o "emivita" è definito come tempo necessario per ridurre l'intensità di radiazione del 50%.

Oggi sappiamo che l'energia più costosa è quella nucleare, se si tiene conto della problematica dei rifiuti radioattivi... come detto, essi sono da conservare per migliaia e migliaia d'anni.

Come molte cose nel mondo e nella nostra vita, scopriamo che, l'uso dell'energia nucleare a lungo termine, è errato.

Questo vale anche per l'utilizzo di centrali elettriche alla lignite e carbone fossile che, con le loro emissioni di CO_2 e di altri gas nocivi, avvelenano il nostro mondo.

Certo, queste tecnologie erano nient'altro che scalini nel progresso tecnico, quindi indispensabili per il nostro mondo. Il progresso tecnico a volte prende strane vie.

Centrali a biomasse son viste sempre più con scetticismo, soprattutto se alimentate con commestibili. Alimenti come mais, colza, barbabietola o canna da zucchero.

Solo le centrali della seconda generazione, le quali utilizzano esclusivamente rifiuti, hanno una possibilità legittima per il futuro. È indiscutibile che certi muoiano di fame e noialtri gli portiamo via anche quel poco che gli rimane.

Inoltre, l'efficienza delle centrali a biomasse si rivela non molto alta, considerando l'intera catena: acqua per irrigare i campi, fertilizzanti, disinquinamento, trasporto...

Tuttavia le centrali a biomasse della seconda generazione avranno poi la loro ragione. Con rifiuti "produciamo" energia.

Accenno anche le centrali geotermiche. Queste centrali sono contestate, in particolare quando le sonde energetiche penetrano negli strati più profondi. Un'analisi molto precisa del suolo è fondamentale.

Sole, vento e acqua. Queste sono le sole possibilità per il futuro.

Da venti anni sappiamo che, è economicamente possibile produrre energia dall'acqua. Un inventore americano, Stanley Meyer, lo dimostrò con il suo viaggio in un'automobile modificata. Aveva bisogno - ripeto - solo d'acqua. Nel frattempo, si trovano in internet molte informazioni su inventori che ce l'hanno fatta anche loro. Approfondirò in un capitolo a parte.

Stanley Meyer è morto nel 1998. Si sospetta che sia stato avvelenato. D'altra parte, si riferiva che soffriva di aneurisma cervicale.

I suoi approcci tecnologici, purtroppo, non vennero mai più proseguiti. Le sue esperienze son morte con lui.

Ormai i brevetti di Stanley Meyer sono scaduti. Bisogna però anche dire che, i suoi esperimenti sono in controversa discussione (vedi Wikipedia, Stanley Meyer).

Su questo si basa la mia pretesa, di fondare una ricerca base nel campo della tecnologia HHO. Tuttavia, nel frattempo (2013), vi sono esempi in internet che evidenziano con successo l'utilizzo dei suoi metodi tecnologici.

Spendiamo miliardi di euro nella ricerca della fusione nucleare, ma per questa nuova tecnologia (energia dall'acqua/HHO) ovviamente, non abbiamo denaro.

Forse gruppi d'interesse non vogliono che questa tecnologia sbocci, essendo che potrebbe mutare persistentemente il nostro mondo? Riscalderemo con acqua, raffredderemo con acqua, ci muoveremo con acqua, produrremo con acqua... la tecnologia non richiede necessariamente acqua dolce. L'acqua disponibile è quasi illimitata. Pochi giorni fa si leggeva che, il livello del mare, dovuto al riscaldamento globale, è aumentato di 19 cm.

Non abbiamo più bisogno di guerre per petrolio, gas o uranio... L'acqua è una risorsa inesauribile, economica.

Per questo voglio invocare tutti, ripeto tutti, autodidatti, artigiani, uomini, donne, inventori, ingegneri, fisici, biologi, politici, banchieri, tutti:

Lasciateci indagare scientificamente su questa tecnologia, conosciuta anche come **tecnologia HHO**. Sicuramente troveremo ostacoli e regressi, cosa normale nel progresso tecnologico. Esploreremo anche la natura bifronte di questa tecnologia, con i suoi vantaggi e svantaggi.

La natura lo dimostra ogni giorno: Funziona! Noi umani, le nostre cellule, vivono con acqua. Anche nelle nostre cellule reagisce il gas HHO.

Facciamo tutti, uso di questo forum per scambiare opinioni in tutto il mondo, oltre tutti i popoli, culture e discipline.

Così impediremo il riscaldamento globale del nostro pianeta, poiché il prodotto di scarto di questa tecnologia non è CO_2 o altri "gas verdi", ma è solo acqua.

Cerchiamo di trovare tutti i tipi di finanziamento e forme sociali che permettano una ricerca indipendente.

Purtroppo questa tecnologia non ha lobbisti, come il petrolio, gas, carbone, uranio, solare, eolica, bioenergia. Ne ha bisogno, se alla lunga vogliamo avere successo.

L'acqua è in un ciclo eterno. Evapora, sale a

grandi altezze, si raffredda, si trasforma in pioggia e torna sulla terra. L'acqua è assolutamente libera di CO_2, non ha gas ambientali critici che, contribuiscono al riscaldamento del nostro pianeta, minacciando le nostre vite e future generazioni.

2 PRO & CONTRA - SCETTICISTI E SOSTENITORI

Tutte le invenzioni rilevanti furono inizialmente rise e osteggiate dalla comunità scientifica.

Immaginate una donna avrebbe predetto 200 anni fa: Dei vostri cavalli e stazioni di cambio potete farne a meno e le notizie saranno trasmesse da piccoli dispositivi, grandi quanto i vostri orologi da tasca. Nessuno l'avrebbe presa sul serio. Oggi è volgare tecnica.

Lo stesso vale per l'automobile. Va sottolineato che senza Bertha Benz che, incondizionatamente ha creduto nell'invenzione del marito, l'automobile non si sarebbe affermata così in fretta. A quel tempo (nel 1888!) si pensava ancora a cavalli se si voleva essere mobili. Immaginate le enormi montagne di rifiuti (sterco di cavallo, ecc), se il traffico ora si baserebbe solo su cavalli e carrozze.

Attualmente in Germania vi sono circa 55 milioni di veicoli a motore (automobili, camion, autobus, ecc) - dai 60 ai 700cv (cv = cavalli).

Un esempio lo dà il sig. Konrad Ernst Otto Zuse (1919-1995). Il sig. Zuse, nel 1941, sviluppò il primo computer funzionante (Z3). I suoi brevetti furono allora respinti, da parte dell'ufficio brevetti tedesco, per mancanza d'inventiva. (Fonte: Wikipedia)

Quanto han dovuto aspettare Einstein e Higgs, ambedue premiati con il premio Nobel nel 2013, fino alla dimostrazione pratica dei loro metodi teorici.

Stanley Meyer viaggiava con la sua "macchina ad acqua", documentando il viaggio. Vedetelo in internet su YouTube, insieme con altri esempi della tecnologia HHO. Dopo la sua morte nel 1998, non si avverò nessun progresso significativo. Fino adesso non esiste ancora una "auto ad acqua" come prodotto di serie.

In seguito cercherò di elencare i pro e contra, per dar luce a questa tecnologia.

2.1 Ipotesi 1:
Questa tecnologia non interessa alla politica

Investiamo miliardi nell'esplorazione climatica del nostro mondo.

Le seguenti dichiarazioni sono ben indicative. Il 2 ottobre 2013 la FAZ, Frankfurter Allgemeine Zeitung (Nota del Traduttore: Giornale generale di Francoforte), scriveva sul rapporto climatico mondiale (FAZ, 2013/02/10, pag. 1 "in caratteri piccoli"):

"Iniziando dal 1995 si arriva a 0,13 gradi di riscaldamento per decennio."

"È veramente probabile (Nota: nel linguaggio dell'IPCC vale a dire una quota di oltre 95%) che, dalla metà del XX secolo, l'uomo sia la causa principale del riscaldamento globale."

IPCC è l'acronimo di "Intergovernmental Panel on Climate Change (N.d.T.: Panello intergovernativo sui cambiamenti climatici"). 195 paesi ne sono coinvolti.

Allo stesso tempo si afferma che la temperatura globale dal 1998 e oltre, è quasi stagnante. Va notato che un periodo di 15 anni non riflette veramente lo sviluppo a lungo termine.

Ogni politico, ogni cittadino dovrebbe avere premura di ridurre il riscaldamento globale. Perché, se la temperatura aumenta di 1,5-4,5 gradi nei prossimi decenni, allora questo significa per molte persone la distruzione del loro ambiente da inondazioni, tornadi, ecc.

Quest'ambiente è nondimeno necessario, per ospitare e nutrire i previsti 9-10 miliardi di persone.

Così il tema arriva anche in politica e viene realizzato. Un esempio impressionante è sicuramente la "rivoluzione energetica" in Germania.

2.2 IPOTESI 2:
NON PUÒ FUNZIONARE. NON C'È "GUADAGNO ENERGETICO"

In realtà la resa dei generatori HHO odierni è limitata. Essi si basano unicamente sul principio dell'elettrolisi. In uno spazio limitato, la quantità di gas generato non è sufficiente nel settore mobile o è troppo limitato perché sostituisca del tutto combustibili come gasolio, benzina o gas.

Questa tesi è accettabile, ma allo stesso tempo bisogna osservare che, l'utilizzo di generatori HHO dell'attuale generazione, già contribuiscono a ridurre il "consumo energetico" dei veicoli dal 20 al 40%. Questi valori in pratica sono stati raggiunti.

Su internet si trovano numerosi esempi; tosaerba, generatori d'emergenza che funzionano solo con "acqua".

Stanley Meyer nei suoi esperimenti ha raggiunto una produzione di gas, maggiore di 5-7 volte. Anche questo era il motivo perché il suo veicolo funzionava solo con acqua. L'ha dimostrato portandosi poi le sue conoscenze nella tomba. Cosa ci impedisce di "reinventare" questa tecnologia. Dobbiamo formare baricentri scientifici nelle università, scuole e centri di ricerca.

Si tratta di ricerca fondamentale. Stanley Meyer ha lavorato venti anni per la sua tecnologia. Realisticamente, si potrebbe "crackare" il suo segreto in circa cinque anni.

Valuto il volume d'investimento per la ricerca all'ordine di 20 milioni di euro.

Importo trascurabile considerando che, attualmente la Germania ha sovvenzionato l'auto elettrica con 1,5 miliardi di euro.

Bisognerebbe, già in partenza, coinvolgere nello sviluppo il settore automobilistico, di riscaldamento, idraulico e l'industria produttrice. Poiché con la tecnologia HHO si può riscaldare, raffreddare, viaggiare e produrre con "acqua".

Uno dei segreti di Stanley Meyer è che non utilizzava solo idrogeno, sviluppato tramite elettrolisi, ma la miscela d'idrogeno e ossigeno.

La fusione di entrambi conduce al **gas HHO**, un gas con un elevato contenuto energetico. Questo gas è anche chiamato **ossidrico** o gas tonante. Inoltre si trovano altre denominazioni come Brown's gas o in italiano gas di Brown.

2.3 IPOTESI 3:
IL GAS HHO È PERICOLOSO - È ESPLOSIVO

Tutti i combustibili sono pericolosi ed esplosivi.

Questo vale per la benzina così come anche per il gas. È compito degli ingegneri, scienziati e professionisti di controllarne i rischi. Ciò fu dimostrato in automobilistica, tramite norme rigorose e contegni regolarmente monitorati (gas test, TÜV, ecc.) (N.d.T.: Technischer Überwachungsverein = *associazione di sorveglianza tecnica*).

Se siamo in grado di produrre gas HHO nelle quantità necessarie, senza contenitori intermedi, il problema è già notevolmente risolto. Il gas HHO va fornito direttamente al processo di combustione/motore, immagazzinando solo acqua.

2.4 IPOTESI 4:
LE GRANDI MULTINAZIONALI NON HANNO ALCUN INTERESSE A QUESTA TECNOLOGIA

Questa tesi può essere un po' vera. Queste aziende però saranno le perdenti. La storia ci insegna: nessuno può fermare il progresso tecnologico. I conduttori che hanno combattuto contro nuove tecnologie, hanno portato le loro aziende nel baratro.

Un esempio impressionante è l'informatica. Le società che insistevano sui mainframe sono in gran parte scomparse dal mercato. Apple, Dell, HP han fatto corsa. Se queste società non si evolvono, saranno presto fuori dal mercato.

Il mercato è fatto da milioni, miliardi di persone e tutti vogliono una tecnologia a basso costo, affidabile e gestibile.

Guardiamo le quotazioni in borsa delle **maggiori compagnie energetiche** in Germania: RWE ed EON. I loro titoli azionari si sono più che dimezzati. Gli investitori hanno perso miliardi.

Se queste aziende non cambiano le grandi centrali elettriche in piccole e decentrate tecnologie di medie dimensioni, le loro prospettive continueranno a calare, un concetto poi, assolutamente gestibile. Queste aziende hanno bisogno di forti e coraggiosi dirigenti che ristrutturano queste aziende.

L'energia solare ed eolica si sono sviluppate senza i grandi "player". Molti cittadini hanno contribuito a economizzare l'energia eolica.

Una legge di produzione dice: i costi calano con l'aumento dei volumi e quindi i prezzi. Chi non è saltato in tempo sul treno ha accumulato perdite sostanziali. Basti solo pensare all'ammirevole Bosch e la sua escursione nell'energia solare. Finora più di due miliardi di euro buttati nella sabbia. Si può leggere nella stampa. Bosch disse poi addio all'energia solare.

Bosch tuttavia, è sempre in grado di passare alla nuova tecnologia.

Molte grandi aziende di pannelli solari sono oramai fallite. Non potevano mantenere la pressione sui prezzi dei pannelli cinesi.

L'energia dall'acqua porterà molti nuovi prodotti e posti di lavoro. Occorre flessibilità di pensiero.

Le società d'esplorazione se non sviluppano nuovi business, avranno da preoccuparsi per il loro futuro. La richiesta di petrolio e gas diminuirà con l'introduzione della nuova tecnologia.

Perché l'acqua è disponibile ovunque, senza fori di grandi dimensioni. Il problema si riduce solo alla soluzione della logistica.

Il trasporto con l'infrastruttura necessaria, è già in ogni modo presente, anche nelle aree "a secco" del nostro mondo.

I problemi d'inquinamento dei nostri mari dal petrolio saranno ricordi del passato.

Exxon, Shell, BP, ecc. dovrebbero accogliere le opportunità di questa nuova tecnologia. Non si esige dalla BP, a causa di un solo incidente su una piattaforma petrolifera nel Golfo del Messico (Deep Water Horizon), un risarcimento nell'ordine di 50 miliardi di dollari? Senza calcolare poi i possibili danni all'ecosistema.

Le aziende automobilistiche e i loro fornitori affronteranno un grande futuro. Non è più necessario agire contro il problema CO_2. Il peso dei veicoli diminuirà. Saranno più economici, portando nuovi acquirenti.

Ognuno di noi vuole essere mobile.

Anche **produttori di riscaldamenti e condizionatori** avranno nuove opportunità. Poiché questa tecnologia è capace di riscaldare e raffreddare.

Questa tecnologia offre nuove prospettive **all'industria**. Sarà possibile generare energia, direttamente in sito. Nuovi metodi, come il taglio di materiali, si svilupperanno.

Imprese ad alta intensità energetica, con migliaia di posti di lavoro, non avranno più bisogno di emigrare in altri paesi. Poiché l'energia è ovunque, illimitatamente a disposizione e a buon mercato.

A questo scopo, un estratto del Frankfurter Allgemeine Zeitung del 26 novembre 2013, pagina 10 "L'industria chimica intensifica il trasferimento all'estero":

"Giacché gli americani promuovono tramite

fracking (N.d.T.: frantumazione idraulica) il gas di scisto, i costi energetici e delle materie prime sono diminuiti. Allo stesso tempo la rivoluzione energetica in Germania ha pesantemente aumentato i costi. La corrente elettrica adesso costa 2,5 volte più che in America, il gas "anche tre volte di più", dice il direttore generale della VCI Utz Tilmann."

Le difficoltà nel trasferire flussi d'energia di grandi dimensioni tramite le reti elettriche si potrebbero ridurre. Impianti energetici decentrati sono in grado di accollare una gran parte del carico, **alleviando le reti**.

I problemi del **carico di base costante** si ridurrebbero. La tecnologia HHO funziona anche quando il sole non splende o il vento non soffia. **Immaginate le moderne centrali elettriche a gas, alimentate con HHO al posto di gas naturale.** Anch'esse si baseranno quindi su fonti energetiche rinnovabili, pari all'energia fotovoltaica ed eolica; solo acqua come fonte d'energia. Eliminando poi, per motivi prioritari, le interruzioni delle centrali elettriche a elevata efficienza. Esse producono la stessa energia elettrica "pulita", come centrali fotovoltaiche o turbine eoliche.

Perlomeno quando avverranno i primi black-out (interruzioni non pianificate) nel nostro mondo, si richiederà questa tecnologia.

Le **regioni più povere del nostro mondo**, paesi emergenti e in via di sviluppo, avranno un accesso economico all'energia. Saranno creati migliaia di nuovi posti di lavoro.

2.5 IPOTESI 5: NAZIONI CON MATERIE PRIME, COMBATTERANNO QUESTA TECNOLOGIA

Questa tesi può essere a breve termine vera, ma a lungo termine errata.

Sappiamo che le riserve di petrolio e gas sono limitate. La fame energetica del mondo è in aumento, a causa della crescita della popolazione. Ciò significa che, i prezzi delle materie prime saliranno.

Ci vuole un periodo d'introduzione di oltre 30 anni, prima di poter usufruire a tutto effetto della beneficenza di nuove tecnologie. Abbastanza tempo quindi da tramutare le strutture nei paesi di produzione. Saggi politici in questi paesi l'han capito da tempo e si attrezzano a nuove attività.

Da paesi produttori di petrolio, diventano centri commerciali, turistici, di ricerca e di produzione...

2.6 IPOTESI 6:

L'ELETTROMOBILITÀ NON PUÒ ESSERE L'UNICA SOLUZIONE

La mobilità elettrica può essere "esilarante". Tuttavia non è convincente, finché la corrente è prevalentemente "prodotta" da centrali a lignite o carbone e nucleari.

Poiché queste tecnologie producono CO_2 e scorie nucleari.

Finché utilizziamo tecnologie convenzionali per caricare le batterie, abbiamo solo spostato le emissioni dal veicolo alle stazioni elettriche. Sarà forse sensato nelle aree urbane, in generale però, non si ottiene nessuna riduzione delle emissioni CO_2.

La tecnologia HHO, al contrario, è esente da emissioni di CO_2 e scorie nucleari.

Inoltre le batterie son fatte da tossine le quali bisogna smaltire. Il contenuto energetico specifico (contenuto energetico per kg) dei sistemi di batteria è molto inferiore a quello della benzina, gasolio o gas. Le batterie sono più voluminose, quindi più pesanti.

Per questo nell'automobilistica si passa sempre più alle leghe leggere. L'acciaio va sempre più sostituito con materie plastiche e fibre di carbonio - pensate alla BMW I3, che in questo momento è una sensazione.

Se inseriamo il gas HHO come fonte d'energia, l'attuale struttura logistica rimarrebbe com'è. Sarebbe quindi ammissibile, sostituire l'E-10 nei serbatoi con acqua e derivati. Come derivati, comprendo che, l'acqua d'inverno non deve essere gelata.

Questo è già noto ai consumatori di gasolio (gasolio estivo e invernale). Il diesel invernale mantiene la sua fluidità anche a meno 25 gradi Celsius.

Nessun motivo di modifica nel comportamento dei consumatori. Come prima si riforniscono al solito distributore di benzina.

Rispetto a veicoli elettrici, le vetture diventano più leggere, essendo senza sistemi di pesanti batterie.

Il problema dello smaltimento delle batterie è ridotto, serve solo quella per la messa in moto.

Inoltre, **l'autonomia** corrisponde a quella dei veicoli convenzionali d'oggi.

I lunghi **tempi di ricarica** diventano obsoleti. Il processo di rifornimento corrisponde esattamente a quello convenzionale.

Il 27 novembre 2013, nel Frankfurter Allgemeine Zeitung (pagina 9) si leggeva: "86.000 stazioni di rifornimento elettrico per la Germania... la Germania deve creare almeno 86.000 stazioni pubbliche di ricarica per auto elettriche, entro alla fine del 2020... fino allora nell'UE dovranno esserci 450.000 stazioni di ricarica. La Commissione Europea ha richiesto quasi il doppio, come obiettivo d'espansione di grandi dimensioni. In confronto il numero di stazioni convenzionali in Germania è di 15.000, solo una millesima parte offre idrogeno".

La tecnologia del motore stesso non cambia significativamente, usando il gas HHO. Sistemi ibridi non sono necessari. La tecnologia sarà quindi più conveniente rispetto a veicoli ibridi.

2.7 IPOTESI 7:
L'AUTO A IDROGENO APPARTIENE AL FUTURO

BMW e Daimler (N.d.T.: Mercedes Benz) hanno avuto spese sostanziali nella ricerca. L'auto a idrogeno è del futuro?

La BMW nelle sue pubblicazioni ha utilizzato solo motori a pistoni. Ha tutto funzionato, solo che, non dava l'economia richiesta. Come risultato si può affermare che l'idrogeno è utilizzabile anche in motori convenzionali (motori a pistone). Da qui è permessa la conclusione: motori a pistone convenzionali tollerano anche gas HHO, gas tonante, ossidrico.

Daimler ha implementato un metodo diverso alla ricerca: punta sulle celle a combustibile e azionamenti elettrici.

La funzione è la seguente: l'idrogeno idrogena la cella a combustibile. La cella a combustibile converte idrogeno e ossigeno in energia elettrica.

Questa corrente è fornita al solo propulsore elettrico. Come professore assistente presso la scuola universitaria professionale di sud Vestfalia in Iserlohn, ho potuto dare un'occhiata a diverse tesi di laurea in merito.

Questa tecnologia ha oramai lasciato lo stato di prototipo e sarà presto disponibile sul mercato nella classe B.

Il problema adesso è la mancanza d'infrastrutture. Stazioni di rifornimento d'idrogeno non sono ancora ovunque disponibili.

Un problema della tecnologia all'idrogeno sono i serbatoi. Questi serbatoi devono resistere a elevate pressioni, tolgono spazio e sono pesanti. Poiché il vettore energetico, l'idrogeno, basato sul volume complessivo non ha la stessa densità energetica della benzina o gasolio.

Inoltre, l'idrogeno è altamente volatile.

Per confronto, la tecnologia HHO, elimina in gran parte questi problemi:

1 Bastano nei veicoli "serbatoi d'acqua" non pressurizzati. "Un'auto HHO" pesa quindi meno di una"auto a idrogeno".

2 Il rifornimento è assolutamente semplice e sicuro.

3 I generatori HHO convertono solo tanta acqua in gas, quanto necessario. Al massimo serve un piccolo tampone.

4 Non esistono problemi d'infrastrutture: L'acqua in pratica è disponibile in qualsiasi stazione di servizio o in altri luoghi (ad esempio, supermercati, stazioni di servizio).

5 Per tutti gli altri componenti (motori, trasmissioni...) si può contare su moduli

collaudati che, sicuramente richiederanno una parziale modifica.

2.8 IPOTESI 8:
CON IL GAS HHO POSSIAMO RISCALDARE, RAFFREDDARE E PRODURRE

Il gas HHO è impiegabile anche nel settore riscaldamento e climatizzazione di edifici residenziali, centri uffici, aziende manifatturiere, società di servizi, magazzini e altri.

Come anche per imprese ad alta intensità energetica, come acciaio, lavorazione acciaio, alluminio e chimica. Sicuramente questa è una scelta che richiederà un significativo sforzo di ricerca.

Stanley Meyer ha operato i suoi sistemi con acqua di mare. L'acqua di mare contiene sali. L'elettrolisi richiede un catalizzatore, come vedremo nei prossimi capitoli.

Dovremmo semplicemente affrontare questa tecnologia senza riserve.

Se consideriamo che la nuova centrale elettrica in Datteln/NRW (NRW=Reno-Vestfalia del nord), già nel primo anno abbia causato una perdita di 100 milioni di euro, poi in fin dei conti coperti dai consumatori. Perché allora non osiamo un semplice start alla tecnologia HHO.

Nel prossimo capitolo, elencherò i link interessanti, soprattutto in YouTube e MyVideo. Si riconosce l'impegno di numerosi inventori nel campo del:

- riscaldamento,

- raffreddamento, climatizzazione,

- mobilità e

- produzione.

Si vedono sistemi già funzionanti. Cosa si può desiderare di più.

Nessuno potrà bloccare lo sviluppo di questa tecnologia. Possiamo al massimo ritardarla, ma questo sarà di nostro reciproco svantaggio.

Così, sarà un impegno per noi tutti a continuare a sviluppare queste innovazioni, per prototipi e prodotti di serie commerciabili e di emetterli sul mercato.

Potremmo quindi, passo dopo passo, liberarci dalla stretta dell'olio, benzina, gasolio, gas, carbone ed energia nucleare. Guerre per il petrolio, gas e carbone apparteranno al passato. Se le dichiarazioni date e mostrate in pratica si avvereranno, soprattutto nella prova di resistenza.

3 GAS HHO, GAS TONANTE, OSSIDRICO, GAS DI BROWN

I seguenti processi di scissione o scomposizione dell'acqua sono ben noti:

3.1 PROCEDURA PER OTTENERE IL GAS HHO

1 ELETTROLISI

In questo metodo, due superfici (piastre, cilindri o altro) sono immerse nell'acqua. Le superfici sono isolate l'una dall'altra. Un elemento di superficie è collegato al polo positivo (anodo) e l'altro elemento al polo negativo (catodo).

Al catodo, cioè polo negativo, si forma il gas idrogeno ($2H_2$). All'anodo, polo positivo, si produce ossigeno (O_2). Quando ossigeno e idrogeno si miscelano tra loro, si forma il gas tonante.

L'elettrolisi richiede un catalizzatore. Con l'aggiunta di acido solforico o alcalino liquido, l'elettrolisi diviene più conduttiva.

Anche l'uso di sale da cucina è possibile come catalizzatore. In questo caso però, al posto di ossigeno, si può formare anche cloro con corrispondenti amperaggi.

A lungo termine la ricerca mostrerà se possiamo farne interamente a meno di catalizzatori.

2 SCISSIONE TERMALE DELL'ACQUA

È possibile scomporre l'acqua anche con temperature molto elevate, oltre i 2.500°C. Questo metodo era usato nella guerra del Vietnam dagli americani, per aumentare temporaneamente le prestazioni dei motori a reazione. Solo così è stato possibile far decollare i B52, aerei da bombardamento con il loro carico mortale. Nei motori a propulsione, abbiamo già una temperatura molto elevata, durante il processo di combustione. A questi livelli di temperatura si basa la scomposizione termale dell'acqua.

3 FOTOCATALISI

La fotocatalisi è una combinazione tra energia solare e catalizzatore integrato nel sistema. Le efficienze in precedenza realizzate sono di circa 5%. L'obiettivo è un'efficienza di circa 10%. Questo è teoricamente fattibile.

Adesso una cella solare arriva a un'efficienza del 17%, in funzionamento ideale. L'efficienza dell'elettrolisi è di circa 60% - quindi un rendimento complessivo di circa 10%. Si potrebbe allora sostituire tale sistema integrato con due sottosistemi. Sistema solare e di elettrolisi.

4 RISONANZA

Stanley Meyer, utilizzando il metodo di risonanza, ha potuto aumentare il rendimento della cella di un fattore di 5-7. Il metodo di risonanza si basa anche sull'elettrolisi, sovrapponendo però un'alta frequenza a impulsi.

Ha dimostrato con grandiosità l'efficacia della sua invenzione, viaggiando con il suo veicolo basato su un motore VW Beetle. Il suo viaggio e la sua invenzione sono documentati nel sito www.youtube.com. Si presume che Stanley Meyer abbia usato il gas di Brown.

3.2 CARATTERISTICHE DEL GAS HHO, GAS TONANTE, GAS DI BROWN

Il Gas tonante HHO è costituito da due atomi d'idrogeno (HH) e uno di ossigeno (O). Gas tonante è una miscela detonante d'idrogeno gassoso (H2) e ossigeno (O2).

In caso di contatto con fuoco aperto (braci o scintille) segue una reazione tonante. Si tratta quindi di una reazione esotermica, vuol dire emana calore. L'idrogeno si combina con l'ossigeno dall'aria.

Sotto pressione atmosferica, la frazione di volume d'idrogeno deve essere tra il 4% e il 77%. Frazioni superiori o inferiori non provocano una detonazione/esplosione.

La velocità di detonazione del gas tonante è di 2.820 m/sec. (Fonte: Wikipedia, Wicsoft.de)

Il sito www.borderland.de si riferisce al Dott. Yull Brown (1922-1998). Dott. Yull Brown viveva in Australia.

Dott. Brown ha lavorato intensamente con il gas HHO. La sua auto viaggiava 1.000 miglia (1.600 km) con un solo gallone d'acqua (3,785 litri). **Questo corrisponde a un consumo di 0,24 litri su 100 km. Indubbiamente un valore sensazionale.**

Dalle sue pubblicazioni sappiamo che, per scomporre l'acqua sono necessarie 442,4 chilocalorie.

Inoltre mi riferisco al libro di Ulrich Sackstedt "Gas di Brown, fonte inesauribile d'energia". Apparso presso la casa editrice Jupiter di Zurigo nel 2012.

Dott. Brown ha prodotto con un kWh (kilowatt ora) 340 litri di gas.

Egli ha mostrato che, usando la sua procedura si producono 1.866 litri di gas HHO da un litro di acqua. Contenente 1.244 litri d'idrogeno e 622 litri di ossigeno, cioè un rapporto di 2:1.

È un processo reversibile. Un litro di acqua produce 1.866 litri di gas HHO e viceversa da 1.866 litri di gas HHO, si ottiene 1 litro d'acqua - che corrisponde a un vuoto quasi perfetto in rapporto di 1.866:1.

Gas di Brown è descritto dalla formula chimica 2H2+O2. Per confronto, l'acqua è descritta con la formula chimica 2 H2O.

Paragone: Un'elettrolisi convenzionale può produrre 933,33 litri di gas HHO da un litro di acqua.

Il suo gas HHO è chiamato gas di Brown. La temperatura della fiamma del gas di Brown è tra 129 e 138°C. Quando la fiamma è diretta su un medio, la temperatura al punto d'incontro può aumentare a più di 6.000°C. "Così si può saldare acciaio e pietra insieme, ghisa e alluminio, vetro e rame, quarzo e oro, ecc.".

L'elettrolisi convenzionale durante l'estrazione produce anche calore. Il gas di Brown non "produce" nessun calore. Il valore energetico del gas di Brown è cinque volte superiore a quello della benzina.

Gas di Brown non ha bisogno di ossigeno esterno in confronto al gas tonante (vedi sopra). La miscela contiene già l'ossigeno necessario per la combustione. "Il tipo di combustione è endotermico. Si tratta di una combustione implosiva. Genera un vuoto. Per questo motivo, la fiamma ha una stretta, lunga forma a tunnel." (Sackstedt p. 44).

Inoltre, il Dott. Brown ha mostrato nel suo esperimento che, il gas di Brown non esplode, ma implode. Un motore a combustione diventa quindi uno a implosione.

Il suo gas ha raggiunto temperature oltre i 6.000 gradi Celsius. L'ha dimostrato liquefacendo fili di tungsteno (nota dell'autore: Tungsteno arriva allo stato gassoso con temperature superiori ai 5.930 gradi Celsius, il punto di fusione del tungsteno è a 3.422 gradi Celsius (Fonte: Wikipedia "tungsteno").

In basso un confronto del gas di Brown con altri gas:

Gas	contenuto energetico
Gas di Brown	153,5 megajoule/kg
Idrogeno	119,3 megajoule/kg
Benzina, gasolio, petrolio greggio circa	31-37 megajoule/kg"

(Fonte: Sackstedt, p. 52)

Riassumiamo ancora una volta le proprietà del gas di Brown. (Sackstedt p. 56)

"È flessibile in risposta, in parte con fiamma a elevata temperatura (dipendente dell'applicazione e materiale) - in folle la fiamma raggiunge una temperatura non superiore ai 138°C.

- Facile gestione della fiamma di saldatura e del bruciatore.

- Inutile l'immagazzinamento in bombole, a causa della produzione di gas su richiesta (on-demand).

- Potere calorifico fondamentalmente più alto (da 4 a 5 volte oltre a quello della benzina o gasolio).

- Un gas capace di sciogliere addirittura il resistente tungsteno e portarlo perfino alla sublimazione (fase gassosa - circa 6.000°C).

- Capace di saldare insieme materiali differenti come pietra e ferro (acciaio), ghisa e alluminio, vetro e rame, quarzo e oro, ecc.

- Una fiamma con una velocità di propagazione molto alta, molto superiore a quella di una fiamma con acetilene o quella di miscela aria-combustibile nel motore.

- Con la fiamma si può lavorare con insolita precisione.

- Sorgono effetti di pulizia dei depositi interni nel motore. Le lunghe catene di molecole d'idrocarburi si rompono, in modo che i frammenti alimentano una combustione ottimale.

- Come prodotto di combustione del gas di Brown, rimane il materiale di partenza, cioè acqua. Non ci sono residui."

Mi riferisco anche al sito www.wasserauto24.net e www.browns-gas.de. Qui si possono acquistare tutti i libri sull'argomento. (Nota del traduttore: tutti i seguenti siti internet e link sono in lingua tedesca o inglese. Certamente esistono tantissimi anche in lingua italiana. Basta cercare nel browser: "Gas HHO", "gas di Brown", "energia dall'acqua". Altrettanto per i video in YouTube o MyVideo.)

Un riferimento dettagliato del Dott. Brown si trova nella rivista **Netjournal annata 16, No. 1/2 (gennaio/febbraio 2011).**

Le istruzioni di costruzione del dispositivo di elettrolisi del Dott. Brown e ottenibile presso Eagle Research tramite Lothar Grüner (email: LGruener@berlin.de).

La stessa reazione avviene nella cella a combustibile. Qui non si produce un'esplosione. L'entalpia rilasciata si commuta in parte in corrente elettrica, in parte in calore.

Inoltre in internet si trovano i seguenti valori: temperatura fiamma del gas HHO in stato adiabatico (cioè nello spazio di lavoro) 2.800°C. In confronto la temperatura della fiamma nella regione adiabatica del gas naturale è di 900°C).

Il gas HHO è considerato come "zero emission fuel" cioè combustibile senza emissioni. L'unica rimanenza è acqua e nello stato ideale non vi sono successive emissioni.

3.3 CELLA A SECCO, DRY CELL, CELLA UMIDA

La costruzione di una Dry-Cell = cella a secco, è visibile su YouTube nel video "HHO DryCell Construction" esposto da "slavomisspower". Il vantaggio di una cella a secco è che è completamente sott'acqua. Reazioni indesiderate sono escluse.

Al contrario il gas tonante, nella cella umida, si raccoglie sopra le piastre o cilindri. Senza protezioni, per esempio una valvola a non ritorno, si possono verificare delle detonazioni indesiderate.

3.4 ARRESTATORI / SISTEMI DI RITENZIONE FIAMMA

Arrestatori = sistemi di ritenuta fiamma, evitano un'inversione della fiamma.

Il gas HHO, gas tonante ha la proprietà di incendiarsi senza ossigeno esterno. Numerosi esempi su YouTube lo dimostrano. La fiamma tenuta sott'acqua continua a bruciare.

Un sistema di ritenzione fiamma è per esempio il bubbler o gorgogliatore. Questo bubbler non è nient'altro che un recipiente pieno d'acqua, nel quale il gas tonante vi passa dopo la cella. Sale verso l'alto procedendo nel sistema, impedendo quindi un ritorno della fiamma.

Un altro sistema di ritenzione fiamma è, ad esempio, un tubo riempito con lana d'acciaio inossidabile. A questo tubo si monta poi l'ugello d'uscita.

4 ESEMPI REALIZZATI - RISCALDAMENTO

Nel video (YouTube) **"HHO Wasserstoff Heizung 2013"** (HHO Riscaldamento a Idrogeno 2013), si vede chiaramente il processo. Il nome dell'inventore è il sig. Karl Kandera.

Il dispositivo di prova è costituito dalla cella (Dry-Cell), gorgogliatore e bruciatore. Il gas prodotto nella cella passa attraverso il gorgogliatore o bubbler.

Il gorgogliatore garantisce il non ritorno del gas. Il gorgogliatore è quindi un elemento di sicurezza che, impedisce una reazione del gas tonante nella "Dry-Cell", il generatore del gas tonante.

Questo gas tonante alimenta tramite un tubo il bruciatore.

Va notato che a monte del bruciatore è richiesto un successivo elemento di protezione. Questo è costituito da un tubo riempito di lana d'acciaio inossidabile. Avevamo imparato dal Dott. Brown che il gas HHO non esplode, ma implode). La lana d'acciaio impedisce un ritorno della fiamma nelle tubazioni.

(Il **"HHO-Workshop Teil 1"** (HHO-Workshop Parte 1) è un video interessante, dimostra il processo in dettaglio).

Nella prima parte si vede il gas tonante che brucia uscendo dall'ugello nella stufa.

Nella seconda parte il sig. Kandera avvia, con l'aiuto dell'ugello, il gas tonante in un sistema di tubazioni. La fiamma di circa 3.000°C brucia su un filamento di tungsteno.

Questo filamento di tungsteno, il quale "tollera" diverse migliaia di gradi Celsius, diventa una palla di fuoco, aumentandone la superficie. L'aria è alimentata dal basso a causa dalle termiche. L'aria riscaldata incide poi su una piastra.

Gocce d'acqua si formano, ricadendo sul filamento di tungsteno.

Chiaro che, in questo caso oltre all'elettrolisi, si usufruisce anche della scomposizione termale. Ogni ricaduta delle gocce porta a un'ulteriore reazione ossidrica nel tubo. Il filamento di tungsteno incandescente ha una temperatura di alcune migliaia di gradi Celsius.

(La tecnologia LOTES potrebbe utilizzare il calore residuo, riducendo il consumo energetico complessivo. La tecnologia LOTES consente la conversione del calore in energia elettrica).

Il secondo tubo ammantato serve solo come isolamento, quindi come protezione.

Nella terza parte del video, il sistema è installato in un'unità già presente sul muro. L'inventore va da una potenza termica di 10 kW. Questa potenza di riscaldamento è sufficiente per la maggior parte delle case e case isolate in Germania.

Un successivo sviluppo del sistema porterebbe a un **"scaldaacqua HHO"**. La combinazione della tecnologia LOTES con il metodo di risonanza, porta quindi a una micro centrale termoelettrica, alimentata solo con acqua.

Questa micro centrale può produrre calore per il riscaldamento, acqua calda ed elettricità.

Una visione fantastica, vero?

Nel video **"HHO-Heizung neuer Versuch"** (Riscaldamento HHO nuovo tentativo) si combina il sistema ossidrico (HHO generatore) con un sistema di riscaldamento di una nota casa produttrice.

A una temperatura esterna di 9 °C e temperatura ambiente desiderata di 23 °C, serve una temperatura di mandata di 47 °C, come illustrato dagli strumenti di misura.

Nel video (YouTube) **"HHO Wasserstoff Heizung vom feinsten Madein Germany.AVI"** (Il miglior riscaldamento a idrogeno HHO made in

Germany) si trova un sistema per riscaldamento con le seguenti caratteristiche:

- 125 piastre in uso nel generatore HHO

- Tensione: 230 V

- Alimentazione: 6 A

- Potenza termica: 6.000 W.

A una potenza d'ingresso di 1.380 W (= 230 V x 6 A) si genera una potenza termica di 6.000 W. Il coefficiente di prestazione del sistema è pari a 4,35.

(Il coefficiente di prestazione è definito come potenza termica Output/Input, cioè elettrico. 6.000 W termico/ 1.380 W - elettrico).)

Sicuramente tutti i valori sopra indicati richiedono un riesame in pratica:

- Miglioramento degli indici raggiunti

- Capacità di carico continua.

5 ESEMPI REALIZZATI - MOBILITÀ

5.1 MOBILITÀ - SOSTITUZIONE AL 100% DI BENZINA, GASOLIO, GAS CON GAS HHO

La dipendenza della benzina nella nostra economia, gasolio o gas è maggiore nel campo della mobilità. Attualmente la quota di veicoli elettrici è trascurabile.

Solo il traffico ferroviario si basa su fonti d'energia elettrica. Per ragione di completezza però, è opportuno ricordare che, anche nel traffico ferroviario sono ancora in uso locomotive a gasolio o gasolio-elettriche.

Il trasporto navale e aereo non sarebbe possibile senza combustibili fossili - gasolio o cherosene.

Nel trasporto navale si utilizza olio pesante, con disastrose conseguenze per il nostro ambiente. Il gas giocherà un ruolo sempre più importante nel trasporto. A causa delle alte emissioni non si dovrebbe più concedere olio pesante vicino alla costa.

Nel frattempo numerosi riferimenti su internet mostrano la possibilità di attivare un'auto o motocicletta esclusivamente con "acqua", gas tonante o perlomeno raggiungere sostantivi risparmi. I tassi di risparmio energetico variano tra il 20 e il 50%, a base del "consumo di carburante".

Nel capitolo seguente approfondirò le soluzioni di sostituzione benzina/gas/gasolio al 100% con "acqua" (gas HHO).

Completerò questi esempi passo per passo.

In primo luogo faccio riferimento al video su www.youtube.com:

"Stanley Meyer and his brother on how the water fuel.."

In questo video il sig. Meyer descrive la sua tecnica in dettaglio. Sull'oscilloscopio si vedono i tempi di commutazione del suo sistema "Dry-Cell". Impressionante (nota dell'autore: Questa non è una Dry-Cell, ma una cella umida).

Con la tecnologia di oggi si possono adottare le caratteristiche di un piccolo microcomputer, da uno o più amplificatori di potenza collegati. Il volume di costruzione si diminuirebbe drasticamente.

Si può anche notare l'installazione e la disposizione dei componenti tecnici in un veicolo.

Vorrei fare riferimento a un altro video su

YouTube:

"Stan Meyers water powered Buggy"

In questo video, esposto da "Mokdo68", è documentato il viaggio di Stanley Meyer con il suo buggy.

Altre informazioni su Stanley Meyer si trovano nel sito www.wasserauto.de. Si vedono, quanto noti, i dettagli della sua invenzione. Operava con una frequenza nell'ambito di 20kH. Le sequenze d'impulsi erano irregolari. Esse avevano un percorso simile a un dente di sega, quindi prima debole poi sempre più ripido.

Inoltre sono indicati i link dei suoi brevetti.

Un altro video in YouTube: **"Stanley Meyers amazing water powered car"**, esposto da "water4octanes".

Nel video (YouTube) **"Stan Meyer explains the water fuel technology "**, esposto da "delvis11", troverete maggiori informazioni.

Il motore è un VW (N.d.T.: Volkswagen) costruito milioni di volte nel VW Beetle. Una modifica tecnica dei componenti di temporizzazione era relativamente facile, poiché il controllo del motore funziona a base elettromeccanica.

Anche se il signor Stanley Meyer è contestabile, fu il primo a mostrare la sua "auto attivata solo con acqua" ed ha dimostrato il funzionamento. Nel video troverete numerosi testimoni.

Vi prego di consentirmi un'osservazione in generale: Mi chiedo se l'atteggiamento negativo nei confronti di Stanley Meyer non è segnato un po' "dall'arroganza" della scienza.

Stanley Meyer non ha mai studiato, era autodidatta. Va notato che, ogni inventore, anche se ha studiato, è autodidatta... quando segue nuove vie.

Nella scienza possiamo seguire il **metodo induttivo**: Vale a dire si pensa in teoria e poi si prova in pratica (esempi: la relatività di Einstein, particella di Higgs)

oppure

Si sceglie il **metodo deduttivo**: si riconosce un modo d'azione nella pratica e poi si ricerca l'approccio teorico. (Esempio: l'invenzione del motore Stirling, la teoria fu data dopo.)

Ambedue i metodi sono in uso nella scienza.

Solo la scoperta della reazione a catena del Prof. Dott. Werner Heisenberg (1901-1976) e del suo team, ha fatto dell'energia nucleare quella che oggi conosciamo. L'eminente fisico Prof. Enrico Fermi, spiegava il modo d'azione dell'uranio ai suoi studenti. Tenendolo in mano riscontrava un calore, prevedendo l'importanza dell'uranio. Morì segnato dal cancro.

In Internet si vede un'altra vettura azionata con acqua. Il nome dell'inventore è Daniel Dingel. Il sig. Dingel non viene come il signor Stanley Meyer dagli Stati Uniti ma dalle Filippine.

Il video è esposto su YouTube "Daniel Dingel and his water powered car" di "water4octanes". Il sig. Dingel dimostra il suo veicolo al pubblico. Le sue spiegazioni son poi anche commentate da uno scienziato.

Il sig. Dingel dichiara di viaggiare con un litro d'acqua a una velocità di 65 miglia l'ora (un miglio sono 1.600 m. Una distanza di 65 miglia corrisponde dunque a una distanza di 104 km). **Il sig. Dingel viaggia quindi 100 km, con un litro d'acqua.**

Mi ricordo alquanto bene, essendo lettore della rivista **"Auto Bild"** (N.d.T.: magazzino automobilistico tedesco), a una documentazione di circa 20 anni fa. Redattori del giornale visitano il signor Dingel nelle Filippine, per esaminare il suo veicolo, facendo confermare le loro esperienze da un'officina di riparazione della BMW: Non c'erano serbatoi per carburanti fossili come petrolio, gas, gasolio. Per azionare l'automobile era utilizzata una sola cella, trasformando l'acqua in idrogeno.

L'ultima pubblicazione di "Auto Bild" sul sig. Dingel l'ho trovata il 15 dicembre 2000: "Il Sig. Dingel cuoce solo con acqua".

Cito: "Il motore nell'auto del sig. Dingel, apparentemente è un normale motore a quattro tempi con quattro cilindri. Si avvia come una vettura qualsiasi e sembra un abituale Corolla, senza alcuna evidente modifica. Nessun misterioso armeggio, niente opzioni aggiuntive, ad eccezione di pochi interruttori di misura, usuali per un "prototipo". Sicuramente non ha nascosto celle a combustibile a bordo. Questa "cosa" è del tutto normale." Per quanto riguarda la citazione in "Auto Bild" dal signor Klauke, amministratore delegato di due Smart-Center a Colonia e Aachen (N.d.T.: Aquisgrana). Va notato che il signor Klauke è ingegnere automobilistico di professione, quindi un esperto.

Dal mio punto di vista, si trattava di gas tonante/ossidrico/gas di Brown. Gli autori dell'articolo hanno guidato personalmente l'auto e confermato la funzionalità.

Questo più di 13 anni fa. Bisogna chiedersi quindi: perché finora nessuno è "saltato" su questa tecnologia? Era tutto solo uno truffo o hanno operato forti soggetti interessati, per impedire questa tecnologia? Penso che Auto Bild sia un giornale serio.

Un altro esempio di vetture alimentate solo con "acqua", si vede nel sito **"Das Wasserauto 1 Liter auf 80km"** (L'automobile ad acqua 1 litro per 80 km). Questa invenzione viene dal Giappone.

L'esempio è convincente. Un veicolo dalle dimensioni di una Smart, viaggia con un litro d'acqua per una distanza di circa 80 km. Questo modello è stato costruito in Giappone. Un altro video su quest'azienda si trova in **"1 Liter Wasser für eine Stunde Betriebszet"** (1 litro d'acqua per un'ora di funzionamento) di "seawater car".

Altre informazioni su questa vettura si trovano nel sito www.genepax.co.jp. Il sig. Kiyoshi Hirasawa è presidente della società. Egli afferma che, la sua cella consuma 300 W con costi di produzione di circa 18.000 dollari americani. Questi 18.000 US$ non spaventano nessun imprenditore. Con grandi quantità, i prezzi scenderanno in modo significativo. I produttori cercano licenziatari.

In modo impressionante si vede la produzione di ossigeno e idrogeno in una Dry-Cell nel video (YouTube) **"The resonant cavity tube in action"**. La forma della Dry-Cell non si basa su piastre, ma su un sistema simile al tubo di Stanley Meyer. Il video è stato esposto da **"The waterenergy1"**.

L'impresa ha inoltre incorporato la tecnologia in una piccola Chevrolet. I valori di misura sono visibili su un computer. In questo test l'elettronica è adattata al veicolo. Questo video può essere visto in **"100% on hydrogen on demand chevy"**.

Nota: Questo video è nuovo ed è stato lanciato l'8 giugno 2013.

Un sistema di HHO fu installato anche in un **Kia Rio**. Il veicolo non è stato modificato: **"unmodified car engine running on 100% Hydrogen gas device"**. L'autore del video è **"ethos pete"**.

Nella piattaforma **YouTube**, nel video **"Truck runs 100% on water not on gasoline"** esposto da **"overunitydotcom"** si vede un pick-up. Questo veicolo funziona solo con acqua. L'autore illustra i componenti e la conversione. La cella HHO è costruita sotto forma di una cella umida.

Si può vedere come la pressione aumenta nel sistema. L'accensione funziona senza problemi e l'inventore viaggia con i suoi visitatori. A quanto pare il video è stato girato negli Stati Uniti ed è di recente produzione.

Si può notare che, anche motori a grandi volumi possono essere operati al 100%con acqua.

Immaginate la realizzazione di questa visione:

- I veicoli non producono più CO_2 e nessun altro "gas verde". Il prodotto di scarto è acqua.

- Sistemi di pesanti e costose batterie non sono necessari.

- Non servono costose infrastrutture per stazioni di rifornimento d'idrogeno.

- L'energia è prodotta "on demand" = "su richiesta". Non servono pesanti serbatoi per idrogeno e gas nei veicoli. L'acqua, con i suoi derivati, può essere immagazzinata senza pressione, usando l'infrastruttura esistente.

- L'acqua è disponibile ovunque. È possibile utilizzare acqua dolce, acqua di mare o anche neve.

- Nessuna azienda trasferirà i posti di lavoro, quando l'energia è a poco costo e la competitività è sicura.

- L'uso di questa tecnologia porterà a milioni di nuovi posti di lavoro, sia nei paesi industrializzati come anche in quelli in via di sviluppo.

5.2 MOBILITÀ - SOSTITUZIONE PARZIALE DI GASOLIO, BENZINA, GAS

La tecnologia HHO negli Stati Uniti è già sul mercato. Così ho trovato i loro partner di vendita in Germania e Austria.

Un partner è www.hhogas-germany.de. L'azienda cita numerosi esempi che, hanno portato a un risparmio energetico del 15-40%. Qui si possono acquistare i generatori HHO con tutti gli accessori. La tecnologia HHO è descritta in dettaglio con tutti i pro e contra.

Danno finanche garanzie.

Permettetemi alcune informazioni:

1.**Montate nei veicoli solo "Dry-Cell" (celle a secco).**
   Nelle Dry-Cells si produce il gas tonante. La quantità di gas immagazzinato nella cella è molto poca. In tal modo non vi è alcun rischio in caso d'incidente.

2 Prendete **solo celle non rivestite da materiali conduttivi.**

In caso d'incidenti, può essere causa di cortocircuiti.

3 Fate **installare i sistemi da un'azienda specializzata**.

Se non ne trovate al momento, presto si saranno.

Nessuno può fermare questa tecnologia.

Un sito interessante è anche www.drive60mpg.com.

Anche quest'azienda è una distributrice. L'azienda gestisce anche una piattaforma, dove descrive diversi tipi di celle e relative prestazioni. Pregano di esporre le proprie recensioni o pareri.

Le gamme di prestazione offerte, vanno dalle piccole cilindrate 1.400 cm³ fino a 18.000 cm³. Così, questa tecnologia viene utilizzata non solo in auto, ma anche in camion, autobus, macchine speciali, navi e impianti di piccole centrali di riscaldamento.

Le piccole centrali di riscaldamento sono attualmente azionate da motori alimentati con gasolio e gas.

Di seguito vi presenterò alcuni video su diversi tipi di automobili:

Audi A6/gasolio

Nella piattaforma **MyVideo** nel video **"Autofahren mit Wasser"** (Viaggiare in auto con acqua) si vede un'Audi A6/gasolio con un generatore HHO. Utilizza una "cella umida". Il risparmio era nell'ordine del 30%.

VW Passat

Sotto **MyVideo** in **"Hydrogen-mein Auto fährt mit Wasser als Treibstoff- HHO VW Passat"** (Idrogeno-la mia macchina viaggia con acqua come carburante idrogeno-HHO VW Passat) si vede l'uso di un generatore HHO in un VW Passat. I seguenti risultati sono visibili nel video:

- L'uso d'acqua distillata con elettroliti

- Modifica della fasatura di accensione in funzionamento HHO

- A una temperatura esterna di 17 °C, la temperatura della cella era di 27 °C

- Il risparmio di carburante è stato del 50%

Ford

In **MyVideo** nel filmino **"www.wasserauto24.de"** si vede l'uso di un generatore HHO in una vettura Ford. Qui il gas HHO è alimentato sia attraverso il filtro dell'aria oppure direttamente nel tratto di presa del motore. Il risparmio energetico ottenuto è del 50%.

Wasserauto HHO Elekrolysator (Auto ad acqua HHO elettrolisatore)

Questo video si trova in **MyVideo**. La "t" in Elekrolysator" è stata forse volutamente tolta (N.d.T.: in tedesco si scriverebbe Elektrolysator – elettrico=elektrisch). I risultati sono interessanti:

- La cella (cella umida) è composta di 15 piastre con dimensioni di 10 cm x 7 cm.

- La distanza tra gli elettrodi è di 2 mm

- Il consumo di corrente della cella va sui 15 A

- I valori della sonda lambda si regolano, in modo HHO, con un'elettronica applicata

- Nel normale funzionamento, il rapporto di miscelazione è di 14,7-1

- Praticando con HHO su 20 a 1
  L'autore spiega le modifiche necessarie:

- La benzina ha un numero di ottano di circa 96
- HHO ha un valore di ottano di 160!

(Per capirci: Il valore di ottani dice qualcosa circa la resistenza del carburante alla detonazione. Motori ad alta compressione richiedono un valore superiore di ottano. Super Plus, ad esempio, ha un valore di ottano di 108. Un valore di 160 mi sembra insolitamente elevato)

- Il risparmio energetico è
- Durante il funzionamento a benzina del 50%
- a funzionamento diesel del 30%

Porsche Cayenne Turbo

Nella piattaforma **YouTube** potete vedere anche l'uso di un generatore HHO in un Porsche Cayenne Turbo **"HHO im Porsche Cayenne Turbo"**. Il video è stato impostato da **"Michael Stan"**.

La Cayenne, in forma modificata, ha un output di 600 cavalli. Il consumo medio, prima di installare il generatore HHO, era di 20,2 litri per 100 km.

Dopo aver installato il generatore HHO, in un'officina specializzata, il consumo medio, con lo stesso stile di guida, era di 11,5 litri di benzina per 100 km.

Nel Porsche era montato un contenitore d'acqua da 3,4 litri come serbatoio. Come catalizzatore si dava per ogni litro d'acqua distillata 8 g d'idrossido di potassio.

Era inserita una cella a secco (Dry-Cell).

Risultava una riduzione di consumo carburante del 40%.

BMW X5

Il video si trova su YouTube, con il titolo:

"**Drive H2O HHO Installation on BMW X5**". Esposto da **"Drive H2O"**.

- In uso una cella a secco/Dry-Cell
- Consumo energia: 4,4 A
- Rapporto di miscelazione: 500 ml di acqua/20 ml di elettrolita (1 litro=1.000 millilitri=1.000 ml)
- Risparmio energetico: circa 30 %

Il seguente video in "YouTube" mostra un test di prova. **"Hydrogen working for 3.5 years 80,000 miles"**. Esposto da **"sfuturescott"**.

Con tali valori, tutte le case automobilistiche dovrebbero fare salti di gioia. Confondiamo i consumatori aumentando la quota biologica nel carburante E10 dal 5 al 10%, aumentandone il consumo. D'altronde la maggior parte della nostra popolazione respinge il carburante E10 essendo che, non vuole contribuire alla fame nel mondo.

Va notato che a livello mondiale, gli automobilisti tedeschi sono considerati i guidatori più critici.

Allo stesso tempo i vantaggi della tecnologia HHO, in molti casi, sono giustificabili.

Si domanda quindi: è possibile che gruppi d'interesse siano in grado di ostacolare l'accesso al mercato di questa tecnologia?

Va notato che con questa tecnologia in confronto a quella ibrida (motore a benzina/elettrico con relativo pacco di batterie) non aumenta di peso le automobili, bensì le alleggerisce.

È inoltre molto più conveniente, rispetto alla tecnologia ibrida o mobilità elettrica. In più, l'autonomia corrisponde a quella di veicoli odierni a benzina, gas o gasolio.

CONCLUSIONE:

Se i valori sopra indicati sono corretti, sarebbe sufficiente un serbatoio d'acqua con un volume inferiore a 10 litri per una distanza di 1.000 km, per la sostituzione al 100% del petrolio con gas dall'acqua. Una batteria con un'autonomia di 1.000 km è sicuramente molto più pesante e costosa. L'effetto ambientale è lo stesso: Niente emissioni CO_2 o di altri "gas verdi". **Considerando l'intera catena di produzione, nel settore mobile, oltre alla bici, nessuna tecnologia è ora disponibile con un impatto ambientale basso, corrispondente alla "vettura ad acqua".**

Ford

In **MyVideo** nel filmino **"www.wasserauto24.de"** si vede l'uso di un generatore HHO in una vettura Ford. Qui il gas HHO è alimentato sia attraverso il filtro dell'aria oppure direttamente nel tratto di presa del motore. Il risparmio energetico ottenuto è del 50%.

Wasserauto HHO Elekrolysator (Auto ad acqua HHO elettrolisatore)

Questo video si trova in **MyVideo**. La "t" in Elekrolysator" è stata forse volutamente tolta (N.d.T.: in tedesco si scriverebbe Elektrolysator – elettrico=elektrisch). I risultati sono interessanti:

- La cella (cella umida) è composta di 15 piastre con dimensioni di 10 cm x 7 cm.

- La distanza tra gli elettrodi è di 2 mm

- Il consumo di corrente della cella va sui 15 A

- I valori della sonda lambda si regolano, in modo HHO, con un'elettronica applicata

- Nel normale funzionamento, il rapporto di

miscelazione è di 14,7-1

- Praticando con HHO su 20 a 1
  L'autore spiega le modifiche necessarie:
- La benzina ha un numero di ottano di circa 96
- HHO ha un valore di ottano di 160!

(Per capirci: Il valore di ottani dice qualcosa circa la resistenza del carburante alla detonazione. Motori ad alta compressione richiedono un valore superiore di ottano. Super Plus, ad esempio, ha un valore di ottano di 108. Un valore di 160 mi sembra insolitamente elevato)

- Il risparmio energetico è
- Durante il funzionamento a benzina del 50%
- a funzionamento diesel del 30%

Porsche Cayenne Turbo

Nella piattaforma **YouTube** potete vedere anche l'uso di un generatore HHO in un Porsche Cayenne Turbo **"HHO im Porsche Cayenne Turbo"**. Il video è stato impostato da **"Michael Stan"**.

La Cayenne, in forma modificata, ha un output di 600 cavalli. Il consumo medio, prima di installare il generatore HHO, era di 20,2 litri per 100 km.

Dopo aver installato il generatore HHO, in un'officina specializzata, il consumo medio, con lo stesso stile di guida, era di 11,5 litri di benzina per 100 km.

Nel Porsche era montato un contenitore d'acqua da 3,4 litri come serbatoio. Come catalizzatore si dava per ogni litro d'acqua distillata 8 g d'idrossido di potassio.

Era inserita una cella a secco (Dry-Cell).

Risultava una riduzione di consumo

carburante del 40%.

BMW X5

Il video si trova su YouTube, con il titolo:

"Drive H2O HHO Installation on BMW X5". Esposto da **"Drive H2O"**.

- In uso una cella a secco/Dry-Cell
- Consumo energia: 4,4 A
- Rapporto di miscelazione: 500 ml di acqua/20 ml di elettrolita (1 litro=1.000 millilitri=1.000 ml)
- Risparmio energetico: circa 30 %

Il seguente video in "YouTube" mostra un test di prova. **"Hydrogen working for 3.5 years 80,000 miles"**. Esposto da **"sfuturescott"**.

Con tali valori, tutte le case automobilistiche dovrebbero fare salti di gioia. Confondiamo i consumatori aumentando la quota biologica nel carburante E10 dal 5 al 10%, aumentandone il consumo. D'altronde la maggior parte della nostra popolazione respinge il carburante E10 essendo che, non vuole contribuire alla fame nel mondo.

Va notato che a livello mondiale, gli automobilisti tedeschi sono considerati i guidatori più critici.

Allo stesso tempo i vantaggi della tecnologia HHO, in molti casi, sono giustificabili.

Si domanda quindi: è possibile che gruppi d'interesse siano in grado di ostacolare l'accesso al mercato di questa tecnologia?

Va notato che con questa tecnologia in confronto a quella ibrida (motore a benzina/elettrico con relativo pacco di batterie) non aumenta di peso le automobili, bensì le alleggerisce.

È inoltre molto più conveniente, rispetto alla tecnologia ibrida o mobilità elettrica. In più, l'autonomia corrisponde a quella di veicoli odierni a benzina, gas o gasolio.

CONCLUSIONE:

Se i valori sopra indicati sono corretti, sarebbe sufficiente un serbatoio d'acqua con un volume inferiore a 10 litri per una distanza di 1.000 km, per la sostituzione al 100% del petrolio con gas dall'acqua. Una batteria con un'autonomia di 1.000 km è sicuramente molto più pesante e costosa. L'effetto ambientale è lo stesso: Niente emissioni CO_2 o di altri "gas verdi". **Considerando l'intera catena di produzione, nel settore mobile, oltre alla bici, nessuna tecnologia è ora disponibile con un impatto ambientale basso, corrispondente alla "vettura ad acqua".**

6 ESEMPI DI APPLICAZIONE NEL SETTORE ENERGETICO

Consideriamo qualsiasi possibilità, per alimentare la nostra repubblica con energia. Impianti eolici, solari, centrali idroelettriche, impianti a biomasse e geotermici, sono in concorrenza con centrali a carbone, gas o nucleari.

I problemi delle centrali elettriche, basate su fonti energetiche rinnovabili, sono: il sole non splende 24 ore su 24 e il vento non soffia sempre. I livelli dei nostri fiumi sono fluttuanti, per quanto riguarda le centrali idroelettriche.

Queste tecnologie hanno quindi i loro vantaggi e svantaggi.

Per questo le centrali elettriche convenzionali

sono ancora indispensabili.

Tuttavia va notato che, nonostante negli ultimi anni siano aumentati gli impianti eolici e solari, le emissioni di CO_2 non si sono diminuite in modo rilevante. Al contrario nel 2012, le emissioni di CO_2 in Germania, sono aumentate del 2%. I motivi sono in primo luogo l'interruzione delle centrali nucleari che non emettono CO_2 e di conseguenza il maggiore uso delle centrali a carbone, in particolare quelle a lignite.

Si tenta di dare a tutti noi l'impressione che, senza le centrali convenzionali, la produzione di energia crollerebbe.

Tuttavia finora, gli operatori di rete hanno tutto sotto controllo. Niente panico, quindi.

In futuro **molte piccole strutture decentrate** saranno costruite **accanto alle grandi centrali**.

Il fatto che questo funziona, si evidenzia nella mobilità: In Germania abbiamo circa 55 milioni di veicoli a motore (automobili, camion, autobus, macchine speciali, ecc.). Supponiamo che la dinamo nei veicoli abbia una potenza media di 2 kW. L'avvio dei 55 milioni di veicoli porta quindi a una potenza elettrica di 110 GW (giga Watt). Semplicemente ruotando la chiave in macchina.

Per confronto, la capacità delle centrali installate in Germania - quindi la potenza elettrica di tutti gli impianti messi insieme- è nell'ambito di 95 GW. (1 giga Watt = 1.000 mega Watt = 1 milione di chilowatt = 1 miliardo di Watt).

Il 7 dicembre 2012 si misurava un carico di picco di 81,2 GW - Secondo l'associazione industriale BDEW (N.d.T.: Bundesverband der Energie- und Wasserwirtschaft = Associazione federale dell'energia e acqua). (Fonte: Frankfurter

Allgemeine Zeitung 29 novembre 2013, pag. 11) "gli operatori di rete temono per Natale una caduta di tensione "... "Nel rapporto ENTSO (European Network of Transmission System Operators for Electricity) si riportano le installazioni di energie rigenerative dell'anno. La capacità di produzione d'energia solare aumenterà di 5,1 a 36.3 GW e quella eolica di 3,7 a 34,3 GW".

Questo esempio dimostra che, la sostituzione di grandi centrali elettriche con piccole decentrate, non è un problema.

Queste piccole centrali elettriche, decentrate, sarebbero le micro centrali nelle singole case, con una potenza elettrica tra 1 e 2 kW.

In Germania abbiamo più di 20 milioni di sistemi per riscaldamento. Se tutti questi sistemi si aggiornerebbero con impianti micro-power mettendoli simultaneamente in rete, si potrebbe richiamare, in solo pochi minuti, una potenza di circa 20-40 GW.

Il collegamento in rete è oggi, grazie ad internet, solo un piccolo problema.

Sono poi d'aggiungere gli impianti di cogenerazione con una capacità fino a 1MW (1.000 kW). Molti di questi sistemi potrebbero funzionare con gas HHO. Diminuendo notevolmente le emissioni di CO_2.

In Germania si prevede l'utilizzo di 35.000 unità di cogenerazione. Attualmente sono circa 7.500 in uso. Si trovano nei servizi pubblici, ospedali, imprese di medie dimensioni, piscine, ecc.

Sicuramente anche in futuro avremo bisogno di grandi centrali elettriche per le grandi industrie, ma la loro quota di fornitura energetica sarà in diminuzione.

Basta solo vedere il settore dei computer:

I mainframe sono stati prevalentemente sostituiti da workstation e PC, Tablets, netbooks e smartphones, quindi molti piccoli impianti decentralizzati. Tuttavia, oltre ad impianti decentrati, esistono ancora grandi centri di elaborazione dati.

Le nostre grandi società energetiche hanno veramente compreso questi cambiamenti? Questi fornitori d'energia di grandi dimensioni hanno ancora grosse riserve di capitale e ricavi. Hanno ancora la forza di ricostruire i loro sistemi: invece di poche centrali di grandi dimensioni si occuperanno in futuro di milioni di piccoli impianti decentrati. Questo, tecnicamente, non è un problema, non richiede licenziamenti - mi sembra che gli ostacoli siano invece nelle loro teste.

Il grado di automazione di questi sistemi decentrati può essere pari a quello delle centrali moderne.

Gli esempi sopra riportati lasciano diventare la visione reale:

- riscaldatori,
- micro impianti di cogenerazione e -
- impianti di cogenerazione
  (si lasciano gestire con acqua/gas tonante/gas HHO.)
- Le centrali a biomasse della prima generazione, gestite con "alimenti" come barbabietole mais, zucchero, saranno sostituite con centrali a biomasse della seconda generazione. Queste "recuperano" i rifiuti della nostra società.
  (La tecnologia LOTES permette anche di produrre "elettricità", dal calore di queste

centrali decentrate.)

- In estate il calore è abbondante. La corrente elettrica, tuttavia è sempre necessaria in un'economia flessibile. Il calore residuo, si trasforma poi, con la tecnologia LOTES, in energia elettrica. D'estate l'energia avanzante di molti teleriscaldamenti viene "distrutta" con sistemi di raffreddamento ad alto consumo energetico.

- Molte delle nostre grandi centrali elettriche utilizzano il raffreddamento a liquido. Prendono l'acqua dai fiumi per raffreddare. L'acqua che, poi fuoriesce ha quindi una temperatura più elevata. La temperatura nei fiumi quindi aumenta. Se si superano i limiti, questi impianti debbono essere fermati per motivi ambientali.

- Abbiamo quindi già sotto mano una tecnologia energetica completamente ecologica. La tecnologia HHO richiede poco e niente di sovvenzione - forse all'inizio, fin quando gli impianti richiesti aumenteranno, consentendo una produzione a meno costo. Se la tecnica è economica e affidabile, milioni di cittadini vorranno questa tecnologia.

- Per molte aziende di medie dimensioni si apriranno grandi mercati, grazie alla tecnologia HHO, insieme all'energia solare ed eolica.

7 ESEMPI DI APPLICAZIONE NELL'INDUSTRIA E FORNITORI

L'uso della tecnologia HHO nel settore manifatturiero, industriale e servizi, copre tutti i processi di riscaldamento e raffreddamento. Esempi sono:

1 GENERAZIONE ENERGIA

Per molte aziende, vale la pena di gestire in autonomia la produzione energetica, considerando l'aumento dei prezzi per l'energia.

Sistemi di cogenerazione e altre tecnologie, come solari ed eoliche, si lasciano realizzare in sito.

L'autonomia di produzione energetica sul proprio terreno consente la riduzione dei costi, omettendo elevati canoni di rete. Nello stesso tempo, la rete principale si allieva.

Dal punto di vista odierno, solo per imprese ad alta intensità energetica o stabilimenti con inevitabili, elevati picchi di carico è indispensabile di connettersi alla rete principale. Cioè industrie d'alluminio, chimica, acciaio e vetro.

Come riferito nel capitolo precedente, combinando impianti di cogenerazione con la tecnologia HHO e LOTES, si possono ridurre i costi energetici.

Il timore delle imprese, per l'aumento dei prezzi energetici, svanisce garantendo la competitività.

L'acqua si ricava dalla pioggia, acque di scarico, ecc.

2 SISTEMI DI RAFFREDDAMENTO/CLIMATIZZATORI

La produzione di calore permette anche di raffreddare. Per esempio mediante l'uso di sistemi d'assorbimento e con il sistema LOTES.

Quest'applicazione potrebbe essere di grande beneficio, per i grandi centri di elaborazione dati. I server di attuale generazione bisognano di raffreddamento.

Altre applicazioni sarebbero possibili nei climatizzatori.

3 PROCESSI DI RISCALDAMENTO/RICOTTURA/ CEMENTAZIONE

Molti impianti di ricottura/cementazione hanno alti consumi energetici, con relativi costi. Questi sistemi hanno bisogno di molto calore, spesso prodotto con gas. Questo gas si potrebbe, perlomeno parzialmente, sostituire con gas HHO. Il calore perso nell'ambiente si potrebbe poi recuperare con la tecnologia LOTES, trasformandolo in energia elettrica. Qui si parla di temperature sui 300°C. Questo sciupo di potenziale si dovrebbe impiegare per il processo stesso o per produrre energia.

4 PROCESSI DI SEPARAZIONE/TAGLIO

Con una temperatura adiabatica di 2.900 gradi, la fiamma HHO, si potrebbe sviluppare nel campo del taglio.

5 PROCESSI DI LEGATURA/SALDATURA, INCOLLAGGIO

Anche in questi processi si potrebbe provare il gas HHO.

6 PROCESSI DI LAMINAZIONE

Questa visione in pratica richiederà certamente un grande sforzo di ricerca.

8 CONCLUSIONE

I commenti su questo blog "Energia dall'acqua-solo una visione?" vogliono dire: Questa tecnologia è da prendere sul serio.

Da diverse parti del mondo si riferisce delle grandi opportunità, nascoste in questa tecnologia. Dobbiamo scoprirle.

Le prospettive sarebbero

- Nuovi modelli di sistemi di raffreddamento, riscaldamento e condizionamento
- Mobilità, priva di emissioni e costi
- Un'economia energetica che, solo con sole, vento e acqua, abbia un carico costante. Capace di prestare una persistente erogazione.
- Svincolare il nostro fabbisogno energetico da limitati combustibili fossili, esistenti (petrolio, gas, carbone, energia nucleare)
- Svincolare l'essenziale energia da ricatti politici, guerre per il petrolio, gas, carbone, uranio, e così via.
- Nuove raffinate tecnologie, mercati ad alto margine.
- Garantire posti di lavoro in Germania, anche nei settori ad alta intensità energetica. (N.d.T.: non solo in Germania ma in tutto il mondo)
- Riduzione delle emissioni. Così affrontiamo da parte nostra la minaccia del cambiamento climatico.

Nello stesso tempo, dobbiamo imparare a identificare i lati buoni e cattivi della tecnologia HHO. Non esiste una tecnologia che non abbia due facce.

Dovremmo creare punti di ricerca cardinali, sui diversi campi di questa tecnologia.

Questa tecnologia potrebbe diventare rivoluzionante.

Il tifone Haiyan, nelle Filippine, dovrebbe incoraggiarci a pensare. Ecco un estratto delle cinque tesi principali del 5° rapporto mondiale sul clima 2013, in Settembre (fonte: Hellweger Monitore del 12 novembre 2013, pag. 3):

ARIA E TEMPESTE

"La temperatura in superficie è aumentata di 0,85°C dal 1880 al 2012. Nell'ambito complessivo di questo tangibile incremento, ci sono nell'ordine di decenni, variazioni naturali.

La temperatura aumenterà per la fine del secolo, attorno a 0,3-4,8 gradi, in base alla temperatura media degli anni 1986 fino al 2005.

E '"probabile" che, la velocità del vento e pioggia aumenteranno in cicloni tropicali".

La Münchner Rückversicherung (N.d.T.: società di riassicurazione a Monaco di Baviera), la più grande riassicuratrice del mondo, ha registrato un triplice aumento degli estremi eventi meteorologici dal 1980. (Fonte: Frankfurter Allgemeine Zeitung" dibattito sul clima nuovo slancio del tifone Haiyan " 12 novembre, pag. 9)

OCEANI E GHIACCIO

"Gli oceani hanno assorbito circa 30% di anidride carbonica, di origine antropica (cioè umana), diventando così più acidi.

Il livello del mare, dal 1901 al 2010, è aumentato di 19 cm. In concreto, la velocità di crescita è aumentata nel corso degli ultimi due decenni. Entro la fine del secolo, il livello del mare aumenterà da 26 a 82 centimetri.

Gli oceani hanno assorbito il 90% dell'energia,

memorizzata dal sistema climatico, negli ultimi decenni (1971-2010). Si sono riscaldati dal 1971 al 2010 fino alla profondità di 75 metri di 0,1°C per decennio.

La velocità dello scioglimento dei ghiacci in Groenlandia e Antartide si è moltiplicata."

Gas a effetto serra

"La concentrazione del CO_2, è aumentata del 40% dall'inizio dell'industrializzazione. I motivi sono principalmente la combustione di combustibili fossili, la produzione di cemento e la deforestazione.

La concentrazione del metano è aumentata del 150%, del protossido di azoto (N20) del 20 %.

Se la concentrazione di CO_2 in atmosfera si raddoppia, la temperatura dell'aria aumenterà tra 1,5 e 4,5 °C. Nel rapporto antecedente del 2007, il consiglio IPCC pronosticava 2-4,5 gradi."

Cause del cambiamento climatico

"L'energia contenuta in atmosfera, causata dagli umani dei gas a effetto serra, aumenta con velocità crescente.

È molto probabile (tra 95 e 100 %), che l'uomo, da circa 60 anni, sia il fattore dominante per l'aumento di temperatura."

Spero si trovino molti sviluppatori, imprenditori, politici e cittadini che, riconoscano le opportunità di questa tecnologia. Non dobbiamo perdere tempo. Siamo tutti nella stessa barca. Non dobbiamo distruggere il nostro ambiente e segare il ramo su cui tutti stiamo.

RINGRAZIAMENTI

Vorrei ringraziare tutti quelli che mi accompagnano su questa strada nel "produrre" energia a zero emissioni (fisicamente, non si produce ma si converte energia):

Dipl. Ing. Dipl. Wirtschaftsing. Wolf Schneider, Prof. Dott. Martin Venhaus, Prof. Langbein, Ingrid Langbein avvocata brevetti, Prof. Dott. Ing. Fred Schaefer, Dott. Ing. Reinhold Spall, Bodo Schleede, Ass. jur. Arnulf Nortmann, Günter von der Fecht, Dipl. Ing. Roman Kolesnikov, Dipl. Ing. Detlev Friedriszik, Dott. Peter Schroeder, Arnold Dammers, Dipl. Ing. Bernd Dietrich, Dipl. Ing. Dissuasori Jürgen, Dipl. Ing. Winfried Willeke, Peter Gauchel, Dipl. Ing. Heinz Plass, Dipl. Kfm. Christoph Plass, Maria Theresia Wuttke, Dipl. Ing. Giovanni Schirinzi, Harald Ruoss, Andreas Wieneke, Dipl. Ing. Franz Josef Schulte, Dott. Ing. Karsten Müller, Dipl. Ing. Theo Knaus, Dipl. Ing. Michael Thom, Dipl. Ing. Artur Berger, Dipl. Ing Eugene Lesser, Dipl. Ing. Andreas Welschoff e ai miei numerosi ex studenti, colleghi e dipendenti, presso lo studio dell'università professionale di sud Vestfalia in Iserlohn.

Un altro libro dall'autore:

TABU - Anna will leben (Anna vuole vivere)
264 pagine, a 9,58 €,
come e-book, a 4,99 €.
ISBN 9781492217589
ottenibile presso Amazon e neobooks.

In questo libro l'autore analizza la problematica dell'aborto in Germania. Attualmente in Germania abortiamo 300 bambini al giorno, circa 110.000 bambini l'anno. **Tutti dovrebbero sapere che, in Germania, uccidiamo ogni quinto figlio.** Nessuno parla di loro, nessuno scrive la loro storia. Non hanno avvocati, non hanno giudici. La nostra società repressa il proprio fallimento - **TABU**.

L'autore evidenzia come ridurre gli aborti, senza modificare il §218 (N.d.T.: paragrafo del codice penale tedesco concerne l'aborto).

Chiede: Che cosa può fare la nostra società, in modo che una donna dia la possibilità di vivere a un bambino? Come si potrebbe alleviare la sua paura del futuro?

In questo libro sono narrate le esperienze di tante donne, colpite dalle loro esperienze e dalle conseguenze dei loro aborti. Ognuno di noi ha lati buoni e cattivi. Nessuno di noi ha il diritto di giudicare. **Lasciateci costruire nidi per queste donne e i loro figli, nati e non nati.**

L'autore si riferisce anche al libro di Theresia Maria Wuttke, riconosciuta psicologa in psicologia profonda, con il titolo:

Yasmin liebt (Yasmin ama)
ISBN 9781492952152
172 pagine, a 10,17 €,
come e-book, a 8,49 €
ottenibile presso Amazon e neobooks.

Theresia Maria Wuttke descrive in modo impressionante, lo stato d'anima di una giovane donna di nome Yasmin. Sebbene Yasmin abbia un forte desiderio di partorire non può accogliere il figlio non nato. Il partner esige l'aborto. Si tratta di discussioni sensibili e psicologicamente profonde con suor Lucida, con le quali suor Lucida aiuta Yasmin a trovare la propria strada. Yasmin chiamerà la figlia Simone. Vuol dire: Data da Dio. (N.d.T.: in tedesco Simon maschile, Simone femminile)

Energia dall´acqua- Sola una visione?

Heinrich Reents / Giovanni Schirinzi

www.ingramcontent.com/pod-product-compliance
Lightning Source LLC
Chambersburg PA
CBHW071811170526
45167CB00003B/1259